Taith Ffaith 1

I gyd-fynd â Taith Iaith 1

Cyhoeddwyd gan **Y Ganolfan Astudiaethau Addysg**, Aberystwyth gyda chymorth ariannol Awdurdod Cymwysterau, Cwricwlwm ac Asesu Cymru.
Gwefan: www.caa.aber.ac.uk

ISBN: 1 84521 014 X
ISBN: 1 84521 018 2 (set)

Golygwyd gan Fflur Pughe a Non ap Emlyn
Dyluniwyd gan Richard Huw Pritchard

Diolch i Aled Loader, Luned Ainsley, Ann Lewis, Angharad Evans, Gwenan Nicholas a Dafydd Roberts am eu harweiniad gwerthfawr.

Argraffwyr: Gwasg Gomer

Cydnabyddiaethau
Mae'r cyhoeddwyr yn ddiolchgar i'r canlynol am ganiatâd i atgynhyrchu deunyddiau:

Enfys Beynon Jenkins	tud. 4, 8
Urdd Gobaith Cymru	tud. 4
Keith Morris	tud. 4
Getty Images	tud. 5, 7, 9, 15
Richard Huw Pritchard	tud. 6, 14, 17, 19, 20
Topham Picture Point	tud. 10
S4C	tud. 10, 11, 13
Anne Lloyd Cooper	tud. 16
Brychan Llŷr	tud. 18, 19, 20

Gwnaethpwyd pob ymdrech i olrhain a chydnabod deiliaid hawlfraint. Bydd y cyhoeddwyr yn falch o wneud trefniadau addas gydag unrhyw ddeiliaid na lwyddwyd i gysylltu â nhw.

Cynnwys

Hamddena

Beth ydy dy hobïau di?

sboncen?

nofio?

tennis?

chwaraeon eithafol?

sglefrio?

athletau?

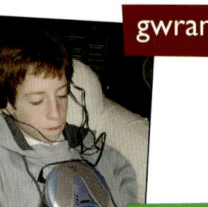

Beth wyt ti'n hoffi wneud ar brynhawn Sadwrn?

gwrando ar gryno ddisgiau?

gwylio'r teledu?

mynd allan gyda'r teulu?

mynd allan gyda ffrindiau?

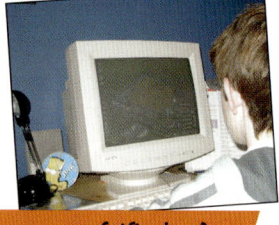

chwarae pêl-droed?

chwarae ar y cyfrifiadur?

Beth am yr hobi yma?

. . . cael bwrdd arbennig

. . . cerdded i fyny llethr (mewn canolfan arbennig!)

. . . strapio dy draed ar y bwrdd

a

. . . whiiiiiiiiiiiiiiiiiiiiiiiiiiiiii

. . . dod i lawr tua 50 milltir yr awr

MYNYDDFYRDDIO

5

Mae mynyddfyrddio yn debyg i:

eirfyrddio + sglefrfyrddio + syrffio

Mae'n bosibl:

dod i lawr llethr

dod i lawr rampiau

gwneud triciau

neidio

Y bwrdd

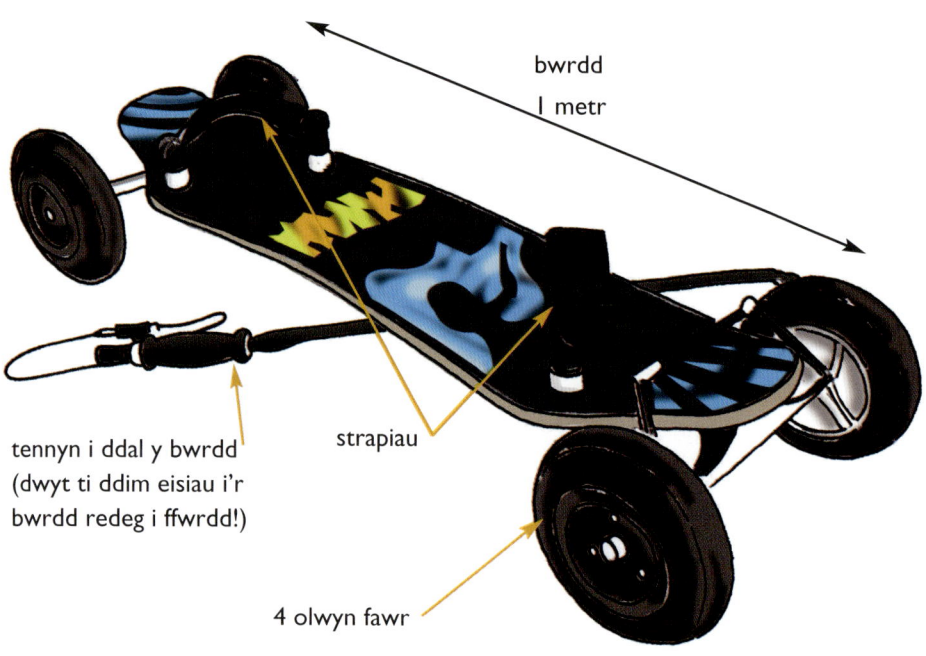

bwrdd
1 metr

tennyn i ddal y bwrdd
(dwyt ti ddim eisiau i'r
bwrdd redeg i ffwrdd!)

strapiau

4 olwyn fawr

Rhaid i ti gael . . .

helmed

dillad addas

padiau arbennig

bwrdd mynydd

BANNAU BRYCHEINIOG

Dewch i ddysgu sgiliau mynyddfyrddio!

Hefyd:
Cystadlaethau mynyddfyrddio

DEWCH I GAEL HWYL!

Os dwyt ti ddim eisiau mynyddfyrddio, beth am yr hobi yma?

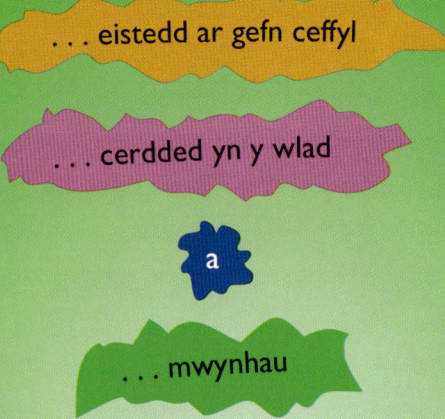

. . . eistedd ar gefn ceffyl

. . . cerdded yn y wlad

a

. . . mwynhau

MARCHOGAETH

Dyma Nicola Tustain

Mae Nicola Tustain yn mwynhau marchogaeth.
Mae hi'n mwynhau dysgu pobl eraill i farchogaeth hefyd.

Nicola Tustain ar gefn ei cheffyl, Prinz Heinrich, yn y Gêmau Paralympaidd
yn Athen yn 2004.

Pwy ydy Nicola?

Mae hi'n dod o Gorwen yn Sir Ddinbych ac mae hi'n anabl.
Dechreuodd hi farchogaeth yn 10 oed.
Dechreuodd hi gystadlu yn 12 oed.
Mae hi'n marchogaeth yn dda iawn – yn ddigon da i ennill medalau
ym mhencampwriaethau'r byd ac yn y Gêmau Paralympaidd.

Ar y teledu . . . ac ar y radio

Ar y teledu

Pa fath o raglenni wyt ti'n mwynhau ar y teledu?

Ffilmiau?

Operâu sebon?

Rhaglenni chwaraeon?

Rhaglenni cerddoriaeth?

Cartwnau?

Rhaglenni cwis?

Ar y radio

Pa fath o raglenni wyt ti'n mwynhau ar y radio?

Rhaglenni cerddoriaeth?

Rhaglenni chwaraeon?

Y newyddion?

Rhaglenni ar Radio Cymru?

Rhaglenni ar radio lleol?

Rhaglenni ar Radio Un?

Wyt ti'n nabod y bobl yma?

Dyma Gethin Jones.

Mae e ar y teledu yn aml.
Mae e'n dod o Gymru ac
mae e'n siarad Cymraeg.

Dyma Aled Haydn Jones – neu BB Aled.

Mae e ar y radio yn aml ac mae e ar y teledu weithiau hefyd.
Mae e'n dod o Gymru ac mae e'n siarad Cymraeg.

Pwy ydy Gethin Jones?

Mae Gethin yn dod o Gaerdydd.

Mae e'n gyflwynydd ar y teledu, e.e. *Blue Peter* ar BBC 1, *Uned 5* a *Popty*, rhaglenni plant a phobl ifanc ar S4C.

Mae e'n mwynhau rygbi, pêl-droed, tennis a golff.

Mae e'n mwynhau cerddoriaeth hefyd – mae e'n canu'r ffidil (gradd 8) a'r piano (gradd 6).
Roedd e'n chwarae mewn cerddorfeydd.

Yn 2003, Gethin oedd **Dyn Sengl y Flwyddyn** gyda'r cylchgrawn *Company*.

Pwy ydy Aled Haydn Jones neu BB Aled?

Mae Aled yn dod o Aberystwyth.

Aeth e i Ysgol Gymraeg Aberystwyth ac Ysgol Gyfun Penweddig, Aberystwyth.

Mae e'n gyflwynydd ar y radio – e.e. ar Radio 1 a Radio Cymru.

Enillodd Aled gystadleuaeth dawnsio disgo 12–15 oed yn Eisteddfod Genedlaethol yr Urdd.

Roedd e'n gweithio mewn caffi yn ystod gwyliau'r ysgol ac ar ddydd Sadwrn pan oedd e'n ifancach – caffi ei dad a'i fam.

Mae e ar y teledu weithiau, e.e. fel beirniad ar *Wawffactor*.

Beth ydy *Wawffactor?*

Sioe dalent – mae 20 o bobl ifanc yn canu ar y sioe.
Mae'r beirniaid yn gwrando.
Weithiau, maen nhw'n dweud pethau neis.
Weithiau, maen nhw'n dweud pethau cas.

Un o enillwyr Wawffactor – Rebecca Trehearn

Yn y rownd derfynol, mae pobl yn ffonio i bleidleisio am y perfformiad gorau.

Yn yr ysgol

Dyma Affrica.

Edrycha ar Tanzania.

Mae Tanzania yn wlad dlawd.

Mae byw yn Tanzania yn wahanol iawn i fyw yng Nghymru!

Mynd i'r ysgol uwchradd yn Tanzania

Yn Tanzania, dim ond tua dau y cant (2%) o'r plant sy'n mynd i'r ysgol uwchradd.

I fynd i'r ysgol uwchradd, rhaid i'r rhieni dalu tua £100 y flwyddyn – ond mae llawer o bobl yn dlawd!

Yn y wlad, rhaid i'r plant gerdded i'r ysgol. Mae rhai plant yn cerdded tua 20 milltir! Maen nhw'n aros yn yr ysgol drwy'r wythnos. Maen nhw'n gwneud eu bwyd ac maen nhw'n golchi eu dillad.

Mae'r dosbarthiadau'n fawr iawn. Mae tua 120 o blant yn y dosbarthiadau. Ond . . .

does dim cyfrifiadur

does dim peiriant llungopïo

does dim bwrdd du

does dim posteri

does dim llawer o bapur ysgrifennu na llyfrau

Yn ardal Kagera yn y gogledd, mae'r plant a'u rhieni'n dysgu sgiliau fel:

sychu ffrwythau, fel pinafal, yn yr haul

prosesu bwyd, fel coffi

gwneud dillad

Ydy, mae byw yn Tanzania yn wahanol iawn i fyw yng Nghymru.

Parti . . . parti . . . parti . . .

Mae'r Nadolig yn amser da i gael parti. Ond pryd mae tymor y partïon yn gorffen?

Yn Ffrainc, mae pobl yn cael parti tua'r dydd Sul cyntaf yn y Flwyddyn Newydd. Maen nhw'n cael parti i ddathlu'r Tri Brenin yn dod i weld y baban Iesu.

Mae'r Ffrancwyr yn galw'r parti yn ŵyl y Brenhinoedd. Maen nhw'n bwyta cacen arbennig yn y parti.

Mae dau beth arbennig am y gacen:

Mae hi'n edrych fel coron

Mae ffeuen neu fodel tsieni yn y gacen

16

Mewn rhai ardaloedd, mae'r gacen yn grwn ac mae twll yn y canol – siâp coron.

Mewn rhai ardaloedd, mae'r gacen yn betryal ac mae addurniadau fel gemau ar y gacen – fel coron.

Mae pawb yn y parti'n cael darn o'r gacen.
Ond mae un person yn bwyta'r darn gyda'r ffeuen neu'r model. Mae'r person yna'n 'frenin' neu'n 'frenhines'.

Mae'r person yna'n dewis partner. Mae'r partner yn frenin neu frenhines wedyn hefyd!

Dros yr haf . . .

Fyddwch chi'n mynd ar eich gwyliau yn yr haf?
Ble fyddwch chi'n aros?

Mewn gwesty?

Mewn tŷ?

Mewn hostel?

Mewn lle gwely a brecwast?

Mewn carafán?

Mewn pabell?

Yn yr haf, bydd llawer o bobl yn aros mewn carafán neu mewn pabell.

Nawr, yng Nghymru, mae'n bosib aros mewn pabell 'wahanol' – mewn tipi.

Beth ydy tipi?

Pabell yr Americaniaid Brodorol yng Ngogledd America oedd tipi.
Roedd yr Americaniaid Brodorol yn defnyddio coed a chrwyn anifeiliaid i wneud tipis.

Tipis Cymru

Ble mae tipis Cymru? Mae'r tipis gwyliau ar fferm yn agos i Aberteifi.
Syniad pwy oedd y tipis? Syniad Brychan Llŷr.

"Mae'r syniad yn dod o ŵyl roc Glastonbury," meddai Brychan. "Mae tipis yn Glastonbury, felly, meddyliais i, 'Beth am gael tipis gwyliau gartref ar y fferm?'"

Mae tri tipi ar fferm Brychan. Maen nhw'n edrych fel tipis yr Americaniaid Brodorol.

I godi'r tipis, mae Brychan yn defnyddio:

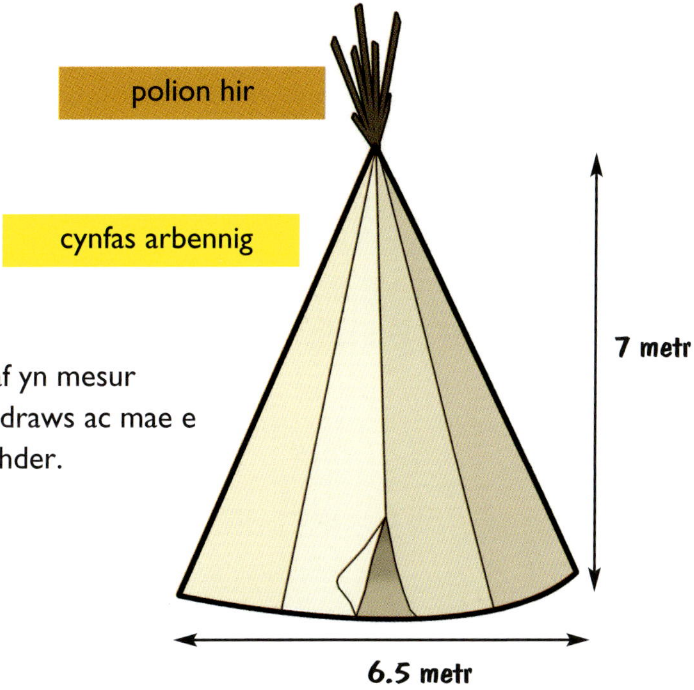

polion hir

cynfas arbennig

Mae'r tipi mwyaf yn mesur tua 6.5 metr ar draws ac mae e tua 7 metr o uchder.

7 metr

6.5 metr

Aros mewn tipi

Mae pobl yn cynnau tân yn y tipi, fel yr Americaniaid Brodorol. Mae'r mwg yn mynd allan drwy dwll yn y top.

Mae pobl yn dod i'r tipis am wyliau i fwynhau'r wlad, yr awyr iach a'r tawelwch.

Yn yr hydref, mae Brychan yn tynnu'r tipis i lawr. Bydd e'n codi'r tipis eto yn y gwanwyn.

Os wyt ti eisiau gwybod mwy am y tipis, edrycha ar y we.